¿Quién eres y hacia dónde vas?

Sólo Jesús Tiene Tu Identidad

Cleiry Cruz

ELEVATION
CONSULTING

Edición Revisada 2025

Elevation Consulting, LLC.
Copyright © 2016 por Cleiry Cruz
Todos los derechos reservados.

Las citas bíblicas han sido tomadas de la Santa Biblia, Reina-Valera 1960, rvr, revisión © 1960 Sociedades Bíblicas en América Latina y la Nueva Versión Internacional. Usadas con permiso.

Library of Congress Cataloging-in-Publication Data (Pending)
ISBN: 978-1-52288-985-4
ISBN: 152288985X

Madelyn Rodriguez CEO Elevation Consulting, LLC.
Email: ElevationConsultingGlobal@gmail.com

Otro libro de la autora

Contendo

Agradecimientos 6

Introducción 9

Capítulo 1

¡Resucita tu ADN! 15

Capítulo 2

Mujeres en el ministerio 23

Capítulo 3

Milagros y sanidades 31

Capítulo 4

En medio de tu desierto todavía puedes adorar a Jehová 51

Capítulo 5

De huérfana al palacio 69

¡Reciba su salvación hoy! 85

Acerca de la autora 87

Agradecimientos

Primero que todo quiero darle toda la gloria y honra a mi Cristo bello, a mi Señor y Salvador. Gracias por escogerme para adorarte en espíritu y verdad. Tú eres mi único y verdadero amor y a Ti te dedico este libro inspirado por el Espíritu Santo.

"…al único y sabio Dios, nuestro Salvador, sea gloria y majestad, imperio y potencia, ahora y por todos los siglos. Amén" (Judas 1:25 RVR 1960).

Gracias a mi madre Altagracia Álvarez por traerme a este mundo y por todas sus oraciones. A mi esposo Luis Cruz y a mis cuatro hijos y al resto de mi familia. En especial a mi hermano el Profeta Juan Álvarez por el apoyo emocional y a mi hermana la Pastora Orquidia Álvarez con la cual soy Pastora en nuestra iglesia *Déjenme Adorar al Rey de Reyes* y en la fundación *Desnudó y Me Abrigaste* ambas localizadas en la República Dominicana. Agradecida con Dios por mi hija espiritual la Evangelista Yudy Núñez y la Pastora Fátima Rodríguez. Agradecimiento especial para la Profetisa

Madelyn Rodríguez por el esfuerzo de ayudarme en hacer mi sueño en una realidad de escribir este libro. Gracias a Lisi Bisonó por vestirme con sus hermosos vestuarios y gran apoyo. Y todos que de una forma u otra han ayudado a expandir mi ministerio

Introducción

Desde que decidí grabar mi primera producción discográfica empecé a tener ataques espirituales. En una ocasión viajando a Tampa, Florida, dentro del avión orando miré hacia la ventana y pude ver una manifestación de ángeles que cubrían todo ese lugar. Empecé a leer la Biblia y la Palabra de Dios me dijo: "Porque no tenemos lucha contra sangre y carne, sino contra principados, contra potestades, contra los gobernadores de las tinieblas de este siglo, contra huestes espirituales de maldad en las regiones celestes" (Efesios 6:12 RVR 1960). No estaba entendiendo en el nivel espiritual en el cual me estaba metiendo. Le dije a mi esposo que estaba a mi lado, que me sentía nerviosa porque nunca había experimentado una lucha demoniaca, empezamos a orar para que Dios trajera paz sobre nuestras vidas.

Cuando yo cantaba en el mundo secular no tenía ningún tipo de lucha, para satanás yo estaba segura, no tenía por qué molestarme, porque yo cantaba para complacer la carne, el pecado. En el mundo cristiano es diferente tú no cantas, en Cristo se adora. Por eso la Biblia dice:

"Más la hora viene, y ahora es, cuando los verdaderos adoradores adorarán al Padre en espíritu y en verdad; porque también el Padre tales adoradores busca que le adoren. Dios es Espíritu; y los que le adoran, en espíritu y en verdad es necesario que adoren" (Juan 4:23-24 RVR 1960).

La ahora viene cuando tú empiezas a adorar, cuando adoras en espíritu tú empiezas a mover el reino de las tinieblas. Se levantan principados para callar tu adoración. Al enemigo no le conviene tu adoración en el espíritu, porque a Dios tú lo puedes alcanzar en espíritu y verdad, no en la carne. Empecé a entender que estaba en el terreno de satanás cuando llegué a Tampa, Florida. Me iba a enfrentar con una realidad, la persecución de una satanista, según ella, se iba a casar en ese año 2008 el 17 de noviembre y yo llegué a finales de octubre. Satanás le pide a ella que tenía que matarme como regalo de boda y es ahí donde llego a su iglesia y oro por ella sin saber que estaba enfrente de una enemiga fuerte. Nunca había peleado con esas huestes de maldad, era algo desconocido para mí y mi esposo. Nos fuimos a ministrar y ella salía continuamente hacia afuera de la iglesia, ella estaba muy inquieta, mientras satanás le daba órdenes de destruirme y también a mi familia.

En la oración de sanidad oré por ella, porque la mitad de su cuerpo estaba paralizado, supuestamente satanás le provocó esta enfermedad hasta que ella no terminara lo que se le había encomendado. Cuando salí de la iglesia y nos montamos en el carro, me senté en la parte de atrás y ella se sentó a mi izquierda, estaba muy atribulada, pero yo no sabía que era lo que estaba sucediendo. Le dije a mis esposo, "pon la adoración hay presencia de Dios aquí" canción que está en mi segunda producción discográfica llamada *Yo estaré contigo*. Ella se tapaba los oídos porque esta adoración nos deja saber que Su presencia nos puede sanar de cualquier enfermedad y maldad del enemigo. El Señor me movía a adorarle más y más en el carro, de momento mi esposo y la sierva que nos llevaba salieron del carro. Cuando yo quise salir, no pude, le gritaba a mi esposo "¡Luis, Luis!" y él ni la sierva me escucharon, cuando vuelvo a mirar a la mujer sentada a mi izquierda, sus ojos estaban blancos transformados como un demonio. Y me dijo, "soy la novia de satanás el 17 de noviembre me caso con él y tú nos estás dando problemas con tus canciones. Satanás me pidió que te matara", y le respondí "¿hay muchos adoradores porque me persigues a mí? Y me respondió "porque eres una verdadera adoradora y tienes que morir, ése es mi regalo de boda para satanás" y le grite, "si tú eres la novia de satanás yo soy la novia del Cordero. Arrepiéntete porque los ángeles de Jehová acampan alrededor de los que le temen y los defiende" y ahí ella gritó "cállate porque ese salmos no podemos escucharlo, ni leerlo, es prohibido en el satanismo".

"Pues a sus ángeles mandará acerca de ti, que te guarden en todos tus caminos" (Salmos 91:11 RVR 1960).

Después de ahí supe que mi encomienda de ser una verdadera adoradora era en serio porque mis enemigos no eran carnales, sino espirituales. Esta historia no la iba incluir en este libro pero recibí un ataque tan fuerte con un espíritu de muerte que vino a visitarme la primera noche que empecé hacer este libro y me dijo, "no puedes escribir este libro, porque es un libro que va a traer libertad a los cautivos" de repente empecé a sentir un temor muy grande sola en mi habitación, sentí que mi cuerpo se congelaba del frío y que no podía mover mi cuerpo, era literalmente el espíritu de muerte. Recordé en ese momento cuando grabé mi primer álbum titulado *Déjenme adorar* que ese mismo espíritu vino a visitarme y quiso matarme para que yo no sacará esa producción. Esa experiencia de volver a vivir esto me deja saber que como yo recibí liberación del temor, tú también lo puedes lograr. Jesucristo venció la muerte, venció todos los principados, no le tengas miedo a ningún espíritu de muerte, ni enfermedad.

"Así que si el Hijo los libera, serán ustedes verdaderamente libres" (Juan 8:36 NVI).

Madelyn Rodríguez, Yudy Núñez y yo empezamos a recibir ataques de huestes de maldad. Cada una de nosotras recibió un ataque diferente. Durante la madrugada escuchamos perros y sentimos cosas que se estaban moviendo en el aire. Las tres comenzamos a recibir ataques a nuestros cuerpos y a nuestra salud. Inmediatamente eso me motivo a traer a revelarles parte de este testimonio a muchos de ustedes que están recibiendo ataques de muerte por estar haciendo la voluntad de Dios. Para la gloria y honra de Dios este libro fue escrito por el Espíritu Santo en tres días. El número tres representa la trinidad el Padre, El Hijo y el Espíritu Santo. Para lo que es imposible para los seres humanos es posible en Dios.

Capítulo 1

¡Resucita tu ADN!

"Antes de formarte en el vientre, ya te había elegido; antes de que nacieras, ya te había apartado; te había nombrado profeta para las naciones" (Jeremías 1:5 NVI).

Desde que somos niños satanás quiere robar nuestra identidad pero no podemos dejar que eso suceda, porque tenemos toda la autoridad para desechar todos los planes diabólicos que él tiene en contra de nosotros. Cuando yo era niña el diablo quiso robar mi identidad confundiendo a mi padre con el llamado verdadero que Dios tenía para mí desde antes de la fundación del mundo. Mis abuelos paternos creían en la brujería y mi padre también, mi padre me había entregado a uno de esos santos. Él decía que yo me parecía a la virgen Santa Clara y me dedicó a ella, y todos los domingos me llevaba a diferentes brujos para que me hicieran ritos y baños con hojas. Lo extraño del caso era que los brujos le decían a mi padre que yo no era parte de ellos y que lo que yo tenía era más grande de lo que ellos tenían. Mi madre no creía en ellos; ella siempre peleaba con mi papá para que no me llevara a esos lugares porque decía que esos santos eran demonios. Mi padre decidió hacer una fiesta en la cual invocaban a los supuestos espíritus del más allá pero que realmente eran demonios. En ese tiempo tenía 13 años; había limpiado mi casa y había regresado de la escuela y encontré la fiesta que mi padre había preparado para mi familia. En la fiesta estaban invocando a San Miguel, 21 división, Santa Marta, Metresili y hasta el Varón del Cementerio. Me enojé porque pensé: "cómo es que vienen a ensuciar mi hogar con sus hechicerías". Y es ahí donde la bruja mayor me mira a los ojos y con una voz amenazante le dice a mi padre, "¡Puedo convertir a tu hija en una serpiente ahora mismo si quiero!". Ahí me di cuenta que mi identidad no era servirle a satanás que había algo más poderoso que el poder de todos esos brujos juntos, salí corriendo y busqué mi mochila en donde siempre guardaba una pequeña Biblia, no sin antes declárale a la bruja que yo volvería de nuevo a pelear con ella. Mi identidad en Cristo que aún no había conocido me hizo saber que en la pequeña Biblia que tenía estaba el poder para destruirlos a ellos. Cuando regresé con la Biblia abrí el Salmos 91 que dice lo siguiente:

"El que habita al abrigo del Altísimo morará bajo la sombra del Omnipotente. Diré yo a Jehová: Esperanza mía, y castillo mío; Mi Dios, en quien confiaré. Él te librará del lazo del cazador, de la peste destructora. Con sus plumas te cubrirá, y debajo de sus alas estarás seguro; Escudo y adarga es su verdad" (Salmos 91 RVR 1960).

Aunque no entendía en ese tiempo hoy puedo darme cuenta que Su Palabra me cubrió de las huestes del mal, aun ahí satanás no pudo robar mi identidad. Porque la Palabra de Jehová le recordaba a mi alma que yo estaba habitando bajo Su abrigo. El abrigo de Jehová fue más fuerte que todo ese poder satánico. Mi padre no podía entender que poder yo cargaba en ese momento; eso él no lo conocía, ni yo tampoco. Era algo que tenía por dentro y mi espíritu se estaba despertando, el Señor dice, "Tus ojos vieron mi cuerpo en gestación: todo estaba ya escrito en tu libro; todos mis días se estaban diseñando, aunque no existía uno solo de ellos" (Salmos 139:16 NVI).

Mi padre fue solo un instrumento usado por Dios para traerme a este mundo herido que necesita conocer la verdad. Gloria a Dios que luego mi padre reconoció que había vivido una vida llena de engaños y mentiras que el enemigo le dio por herencia de sus padres, los cuales practicaban la magia negra y blanca. Mi identidad ya estaba diseñada por Jesucristo quien pagó un precio muy alto en la Cruz por ti y por mí, la Palabra dice, "No te inclines ante los dioses de esos pueblos. No les rindas culto ni imites sus prácticas. Más bien, derriba sus ídolos y haz pedazos sus piedras sagradas" (Éxodo 23:24 NVI).

¿Porque no está pasando nada en tu casa? ¡Porque el ADN de tu familia y descendencia está muerto! No puede resucitar hasta que tú lo actives. Como mujer y hombre de Dios tienes que activar tú ADN pero tú ADN lo tiene Jesucristo, Él diseñó un plan para tu vida. Cuando Jehová rescata nuestra vida a través de la Sangre de Jesús, Él pensó en ti y en mí. Y puso un ADN, nadie más tiene tu ADN por lo tanto, mi ADN el que me ha puesto Dios nadie me lo puede quitar, pero cuando tu naciste satanás trato de robártelo. El ADN empieza antes de tu nacimiento, el diablo viene informándole a las mentes de tu madre o padre que tú no puedes nacer, y que te aborten. Muchos pasamos por una historia dolorosa desde el nacimiento, no sé cuántas cosas tuviste que pasar. Satanás quien es experto en destruir las identidades tratara de robarte tu identidad, muchas personas han sido violadas, maltratadas y abusadas emocional y físicamente por esta causa. Satanás está tirándote hasta matarte, una vez que él piensa que estás muerta o muerto, piensa que ha logrado su objetivo. "El ladrón no viene sino para hurtar y matar y destruir; yo he venido para que tengan vida, y para que la tengan en abundancia" (Juan 10:10 RVR 1960).

Pero lo que él no sabe es que ahora es que empiezas y conoces al Dios que creo tu ADN. Cuando conoces al Dios que te ha llamado, al Dios que te ha formado desde el vientre de tu madre, ahí es cuando encuentras una solución a tus problemas. Cuando yo entregué mi vida a Cristo me di cuenta que mi ADN solo estaba dormido hasta que Jesús me lo despertó. Cuando Él llega todo tiene que resucitar; en esta hora a través de este libro. Te invito a que le digas al Señor Jesús padre pon Tu ADN en mí porque me formaste para dar vida y no muerte. En este momento tu ADN va a resucitar y mirarás a tu familia y le profetizarás a ese valle de huesos secos, y le dirás oíd Palabra de Jehová porque vivirás (Ezequiel 37). Dios te llevará en el espíritu como llevo al profeta Ezequiel para dar vida a tu matrimonio, a tus hijos, amistades y a personas que están heridas y necesitan escuchar Palabra de Jehová. Es en ese encuentro con Dios en el cual te vas a levantar con un diseño nuevo para darle identidad a toda tu generación y para que así puedas conquistarla.

Capítulo 2

Mujeres en el ministerio

"Habiendo, pues, resucitado Jesús por la mañana, el primer día de la semana, apareció primeramente a María Magdalena..." (Marcos 16:9 RVR 1960).

No sé cómo empezar a escribir acerca de la triste realidad de la caída de mi esposo, no creo que para ninguna mujer y especialmente ministro es fácil hablar acerca de un tema tan personal. Incluso creo que como profetisa y evangelista del Señor es aún más difícil poder expresar un dolor tan grande, la infidelidad es terrible y más cuando somos cristianos. Cuántos de nosotros vivimos una doble vida, son muchos los que están viviendo en esa situación. Es tiempo de un arrepentimiento genuino para que Dios tenga misericordia de ti si estás en un pecado similar.

Hace años atrás que yo pertenecí a una agrupación de merengue femenina secular llamada *Belkis Concepción y las Chicas* yo venía de cantar merengues en el mundo secular, cuando llegué al evangelio no quería cantar merengues cristianos, el Señor me pidió que le adorara con todos los ritmos. Pero decía que ni merengue, ni bachata le cantaría a mi Dios, y ahí empezó un proceso en mi vida. Mientras mi esposo y yo ministrábamos en un evento en los Estados Unidos, en el estado de Virginia, un profeta le dijo a mi esposo: "Cuídate porque chispas del infierno vienen a atacar a tu matrimonio y ministerio". Pensé, por qué tendría que pasarnos eso a nosotros, era algo imposible, mi esposo no podía volver atrás, era la debilidad de su pasado, las mujeres.

Cuando no éramos cristianos mi esposo me era infiel muy frecuentemente tenía varias mujeres en la calle, llegaba borracho después de varios días de parranda en la calle. Un día me cansé de esa situación y no pude aguantar más, pertenecíamos a una iglesia tradicional, él tocaba el piano y yo cantaba y la penitencia que le daban por su pecado era rezar varios "Padre Nuestros" y "Ave Marías" y cada día más empeoraba nuestro matrimonio. Agotada y frustrada por la situación, decidí ir a una iglesia cristiana y ahí encontré a una prostituta que me dijo, "quiero dejar las drogas y la prostitución, necesito ir a una iglesia de locos, en las que gritan en voz alta aleluya y brincan como chivos". En ese momento me fui con ella a la iglesia cristiana, pero antes había preparado las maletas de mi esposo para que se fuera de mi vida, estaba decidida a dejarlo todo. Sentía que la vida ya no tenía sentido, de nuevo me sentí fracasada, frustrada, sin un destino y muy amargada.

Me fui con la prostituta para que ella dejará la vida que llevaba, en ese momento me encontré con el verdadero amor de mi vida "Jesucristo". Escuché una voz audible que me dijo, "Yo Te Amo" y decidí entregarle mi corazón. Cuando llegué a mi casa mi esposo me dijo: "¿Por qué te ves diferente, ¿quién ha cambiado tu vida?" Desde ese momento me convierto en una compositora para el Rey de reyes, mi primera producción se titula *Déjenme Adorar* y en ese álbum escribo parte de mi testimonio en la canción "Cara a Cara".

Recibo un ataque satánico en mi voz

Pensé que todo estaba color de rosa, que todo estaba bien. Empecé a buscar la presencia de Dios y a recibir fortaleza para la siguiente batalla. Enfrentándome con problemas en mi garganta, la misma niña que cantaba en el mundo secular desde los cinco años, ahora enfrenta una batalla para impedir adorar al Rey de reyes. Empecé a tener dificultad para poder entonar las canciones, fui al doctor y me dijo que tenía problemas de callos, parecido a lo que había sufrido el famoso cantante mexicano José José.

Cuando mi esposo vio los medicamentos que me recetaron dijo que no me los tomara, y yo decidí orar y pedirle al Señor que me dejara adorar. Nadie podía entender el anhelo que tenía por adorar al Rey de reyes, había una necesidad en mi interior de mostrarle mi agradecimiento a Jesús por haberme dado la vida, salvación y liberación.

Por muchos años mi talento fue usado para traer música de engaño, traición, infidelidad y depresión porque el enemigo siempre tratará de robarte el don, el regalo que Dios te dio para Su gloria y honra. En mi caso fue mi voz, pero eso no se iba a quedar así porque estaba decidida adorar a Jesús en espíritu y en verdad. Tenía la necesidad de ser una verdadera adoradora agradecida del valor, del sacrificio que Jesús había hecho por mí, desde que lo acepté como mi Señor y Salvador (Romanos 10:9), desde que lo recibí hice una decisión de sólo adorarlo a Él.

Todo se veía bien y el Señor me sana mis cuerdas vocales, prometiéndole que sólo a Él adoraría y que no volvería atrás. No puedo entender como muchos adoradores cristianos dicen haber tenido un encuentro con Cristo, pero aun cantan para el mundo secular y también para Jesús, Dios no comparte Su gloria con nadie, "Yo soy el SEÑOR; ¡ése es mi nombre! No entrego a otros mi gloria, ni mi alabanza a los ídolos" (Isaías 42:8 NVI).

Capítulo 3

Milagros y sanidades

"Ciertamente les aseguro que él que cree en mí las obras que yo hago también él las hará, y aun las hará mayores, porque yo vuelvo al Padre" (Juan 14:12 NVI).

Una prostituta me salva la vida

Miladi Duarte llega a mi casa y me dice que Jehová la envió porque yo era la persona indicada para cantar en un concierto donde iba a ver muchas prostitutas. Le confirmé mi asistencia y vino sobre mí un gozo tan grande e inexplicable, lloraba de solo pensar que iba a estar delante de esas mujeres. Mi madre había llegado de España con mi padrastro; notó que yo estaba muy contenta porque iba a cantarles. Luego empecé a tener un dolor extraño en el área de mi vesícula y el dolor cada día era más intenso.

Entonces le dije a Jesús, "¿pero si Tú me dijiste que yo iba a ese concierto para ganar a tus hijas perdidas, cómo es que me siento enferma?" Fue ahí en donde me di cuenta que el enemigo preparaba un ataque violento en contra de mi salud, estaba muy preocupada porque el dolor cada vez aumentaba más. Decido llamar a mi doctora y ella me responde, "ven en seguida siento la presencia de Dios sobre mí y me acaba de hablar". En la clínica con mis padres la doctora atiende a mis padres primero y luego me atiende a mí y es ahí donde ella me da los resultados de mi consulta y me dice que tengo una gran cantidad de piedras en mi vesícula dándome una receta rígida de como debiera alimentarme y también me dijo que si el dolor persistía tendría que operarme de emergencia.

De nuevo le dije a Dios, "yo creo en Tu Palabra y Tú me mandaste a la organizadora del concierto para que yo pudiera ministrarle a esas mujeres heridas". Pero no le había dicho a la doctora que yo estaba pasando por una fuerte crisis financiera, cuando ella me dice que Jehová le habló y le mandó hacerme un cheque para que pudiera cubrir los gastos de mi estadía en Haina, República Dominicana. Después al llegar a mi casa el dolor se intensificó y mi corazón lloraba por las prostitutas, sentía que era mi obligación estar en aquel concierto.

Días después regresé al hospital porque el dolor siguió en aumento y decidí ser operada, cuando de repente recibo una llamada de una hija espiritual Yudy Núñez y me dijo de parte de Dios, "a usted no la van a operar porque Jesús está al lado de su cama en el hospital y ya Él le ha dado la victoria". El médico me dijo que me podía ir pero que él no se hacía responsable si algo me pasaba. En mi casa mi madre me dice: "tengo que contarte una historia, cuando tenías apenas un año de vida tú te me estabas muriendo en mis brazos. Yo no tenía dinero para pagarte un médico y enfrente del hospital llorando contigo pasó una prostituta y me vio desesperada. Te arrebató de mis brazos y te llevó a la clínica" y le dijo al doctor: 'salva a la niña porque bastante te has saciado de mi cuerpo'" y el doctor me sanó. Llegando al concierto me di cuenta que tenía que mostrarle a todas esas mujeres mi agradecimiento y presentarle a Jesús como su Señor y Salvador. Para que ellas pudieran ver y sentir que mi Jesús salva, restaura y liberta. Quién iba a entender que esa misma niña que fue salvada por una prostituta sería la misma que Dios hoy usaría para traerles libertad y vida eterna en el nombre de Jesús.

El don de sanidad

Cuando le pido el don de sanidad al Señor quería ver con mis propios ojos cómo Él sanaba a los enfermos a través del ministerio. Estaba en el avión después de haber terminado una gloriosa campaña en Los Ángeles, California. Mi mejor amigo, el Espíritu Santo me dijo audiblemente: "Pasaras por el fuego y no te quemarás, por las aguas y no te ahogaras" entonces en ese momento cogí mi grabadora y Él continuaba diciéndome, "Yo estaré contigo y tu vencerás y así se llamara tu producción número dos". Llego a mi casa y me encuentro con mi esposo dándome una noticia de que él tenía tres tumores: en el hígado, los riñones y los pulmones. Y así es donde empieza mi batalla y pelea en contra de ese principado de enfermedad.

Si en este momento tú estás pasando por cualquier enfermedad ése es tu desierto, pero tú no te vas a quedar ahí, eres tú quien decides si te mueres o vives. Yo decidí pasar la enfermedad de mi esposo en victoria, era mi entrenamiento de un don de Dios que había pedido de sanidad. Así que analiza bien el don que le estás pidiendo a Dios porque de seguro Él te probará antes de dártelo. Cada vez que tú le pides una palabra profética, Él te prueba. Antes de ser diamante y lucir el mejor brillo, tienes que pasar por el fuego y eso fue justamente lo que Dios me hizo pasar.

"Cuando pases por las aguas, yo estaré contigo; y si por los ríos, no te anegarán. Cuando pases por el fuego, no te quemarás, ni la llama arderá en ti" (Isaías 43:2 RVR 1960). Cuando Dios dice yo estaré contigo es un compromiso personal que Él tiene contigo, eso significa que Él estará contigo en tu prueba, en la enfermedad, en tu matrimonio, en tus finanzas, en tus hijos y en cualquier situación que enfrentes en tu vida, porque Él es un experto en lo imposible y recuerda que Él nunca ha perdido una batalla.

Predicando en las naciones

Bolivia

"Mujer sanada de cáncer"

Mi prima visita a Bolivia fue impactante porque aun en el aeropuerto sentía la presencia de Dios y recogiendo la maleta junto a mi hijo, me pasó una mujer por enfrente. Y le hice una invitación, le dije que hoy iba a predicar y que Jesús también iba a pasar por esa ciudad, me di cuenta que ella tenía una pelota muy grande en su cabeza y me dijo que tenía cáncer. Ella no era cristiana y le insistí que fuera al servicio y ella aceptó, en medio del servicio aparecieron tres hombres satánicos armados que fueron a matarnos, el enemigo sabía que esa mujer iba a ser sanada y salvada. Los satanistas cayeron al piso al escucharme decir: "tú vienes contra mí con espada y jabalina más yo vengo contra ti en el nombre de Jehová, Jehová te pondrá en mis manos y yo te venceré". Fue ahí donde la gloria de Jehová arropó ese lugar, y la mujer del tumor de cáncer en la cabeza recibió al Señor como su único Salvador y en el instante el tumor desapareció. Me

postré delante del Señor dándole toda la gloria y honra. Al
otro día tenía una importante entrevista en la prensa y el
periodista no era cristiano; esa sería su última entrevista que él
pensaba hacer porque satanás le dijo mátate, no le importas a
nadie. Había una depresión tan grande en él y ya no podía
más; su entrevista era importante porque él pensaba que sería
la última. El Señor me dijo en medio de la entrevista: "ahora
entrevístalo tú". Y el periodista estaba esperando una
respuesta de una pregunta del porque yo había dejado la fama
y el mundo secular y le dije, "ahora te entrevisto yo a ti,
¿quién eres tú para quitarte la vida?".

El Espíritu Santo se manifestó y comenzó hablarle,
diciéndole: "¿por qué te quieres quitar la vida hoy, si Jesús te
la dio? De repente él se da cuenta de que la entrevista no es
normal que era Dios quien le estaba hablando y comenzó a
temblar y a llorar y dijo: "¿quién eres tú y porque conoces mi
vida?, porque hoy yo me iba a matar". En ese momento
entregó su vida a Cristo y terminamos llorando juntos sin
habernos visto nunca. Satanás había hecho una cita de muerte,
pero Jesús había hecho una cita de vida en ese país.

Cuando tú le dieces a Jesús "heme aquí, envíame mí (Isaías 6:8), tienes que estar seguro de esa palabra que tú le estás diciendo a Dios porque ese compromiso Él lo toma en serio. Sé tú portador de vida, no resistas tu llamado. Alguien se está muriendo en algún país del mundo y tú estás quejándote y no estás haciendo la voluntad de Dios. Levántate hoy y se un portador de vida en Cristo Jesús. Antes de que suceda lo sobrenatural el espíritu de las tinieblas se levantará en contra de ti para arrebatarte tu milagro (I Samuel 17:45).

Colombia

"*Ahora imparto vida*"

En mis inicios del ministerio fui invitada a Colombia por una amiga adoradora y yo anhelaba regresar porque fue ahí en las fiestas de carnavales que yo participaba con la agrupación *Belkis Concepción y Las Chicas*. En ese lugar que me invitaron había un concierto muy poderoso en donde Dios me dio una palabra y me dijo: "Dile a este pueblo, antes yo impartía muerte pero ahora imparto vida en Jesús". Una mujer se levantó y me dijo, "verdaderamente impartías muerte porque cuando estabas con Belkis Concepción, mi hija de sólo 13 años quería ir a una de esas fiestas y yo no tenía dinero para darle y ella se quitó la vida. Pero ahora siento que impartes verdaderamente vida" y se entregó con su familia a Jesucristo.

El plan de la señora fue de ir a reclamarme acerca de la muerte de su hija ya que a pesar de los años, ella nunca había perdonado eso. Entendí por qué razón el Espíritu Santo me insistía que antes de cantar dijera que yo años atrás impartía muerte. Pero que la vida que es Jesús estaba dentro de mí. Me pregunto ¿cuántos cantantes están impartiendo muerte con música que no es dedicada a Dios, que llevan a las personas a drogarse, alcoholizarse, al adulterio, y a la fornicación?, Si estás leyendo este libro, no es coincidencia; te voy a preguntar: ¿Qué estás impartiendo vida o muerte? Es tiempo de dar la vida que llevas por dentro.

Honduras

"Un avivamiento"

En Honduras Dios me sorprende con las cosas hermosas que hizo. Cuando llegamos a Honduras mi hijo y yo, (porque siempre viajo con mi esposo o mi hijo) nos dimos cuenta de que había una gran necesidad por el olor a muerte espiritual y física que había allí como en cualquier otro país que también está pasando por lo mismo. Nos quedamos perplejos cuando una pastora se nos acerca y dice que en el mismo lugar donde me encontraba sentada en el carro días antes, el pastor de jóvenes se había dado un tiro en la cabeza, perdiendo su vida completamente. Fue tan triste ver a tanta gente asustada en la calle, con temores, cómo el enemigo ha tomado nuestras ciudades amenazando con quitarnos la paz. Supe que estábamos en un territorio de guerra espiritual y le dije a mi hijo: "tenemos que pelear". No voy a negar que por un momento el temor se quiso apoderar de nosotros y el Señor me habló y me dijo vístete de poder; mi mano está sobre ti y tu hijo. Fue glorioso, pronto la atmósfera comenzó a cambiar porque la confianza estaba puesta en Dios. Cuando estás pasando por lugares demoniacos tomados por satanás ese territorio tú lo tienes que libertar en el nombre de Jesús. No nos importaba el dinero, porque no fue a eso a lo que fuimos, necesitábamos que se manifestará el poder de Dios. Tuvimos entrevistas en la televisión y me llamó la atención la dueña del canal de televisión porque tenía una mirada muy profunda sobre mí. Ella me dijo: "necesito un milagro, si tu Dios es real yo voy a estar en ese servicio tuyo para ver si es real y verdadero". La señora tenía una enfermedad en la espalda llamada escoliosis. Al momento de yo pasar al lado de ella en la iglesia para subirme al púlpito para empezar a predicar ella fue sanada. Su espalda se enderezó completamente y también recibió al Señor. Nuestro Dios dice en Su Palabra, "Y estas señales seguirán a los que creen: "En mi nombre echarán fuera demonios; hablarán nuevas lenguas; tomarán en las manos serpientes, y si bebieren cosa mortífera, no les hará daño; sobre los enfermos pondrán sus manos, y sanarán" (Marcos 16:17-18 RVR 1960).

Después de ese milagro otros fueron sanados también y la atmósfera de sanidad los atrapó a todos, sordos escuchaban, ciegos veían y manifestaciones demoniacas salían de los cuerpos de las personas. Y Dios despertó un avivamiento en aquel lugar en el cual había un olor a muerte y a cementerio; ahora había un olor a vida.

Costa Rica

Mi sueño se cumple

Uno de mis sueños era visitar Costa Rica, un país hermoso lleno de bendiciones, donde adoran a Dios con todo el corazón. Un día en una vigilia familiar estábamos mirando el canal de televisión Enlace y la Profetisa Ana Maldonado estaba ministrando. No vi a Ana Maldonado ministrando, me vi a mí y yo le dije a mi esposo, "mi amor tuve una visión en Costa Rica me vi allá y me vi en la pantalla gigante" él se rio y dijo: "mi amor no conocemos a nadie allá y tú siempre crees en lo que los demás te dicen. Cuántas personas te han hecho la invitación y no ha sido verdad", pero yo le dije: "Te reprendo, ya yo estoy en Costa Rica".

Poco después hubo una tormenta muy grande donde vivo actualmente en Nueva Jersey, pero tenía que ir a predicar. Los árboles estaban en el piso, la tormenta era muy fuerte. Recibí una llamada de una amiga que me dijo que no fuera a predicar así, porque estaba muy peligroso. Pero el Señor me dijo como a Josué, mira que te mando que seas valiente (Josué 1:9). A veces las tormentas te paralizan para llegar a tu destino profético, alguien estaba en ese lugar que yo tenía que llegar a como diera lugar. Fue ahí donde me encontré con el Pastor Ronald Vargas, un verdadero siervo de Dios. Él trabajaba en Enlace. Lo que yo no sabía era que el pastor ya me había visto por segunda vez. La primera vez estaba ministrando con la canción "Déjenme Adorar" era la última canción que tenía que interpretar en esa noche, tenía que irme corriendo hacia otro lugar. Él escuchó una voz que le dijo: "Lleva a Cleiry Cruz a Costa Rica y ábrele puertas". Me acerqué a él con alegría y le confirmé, que si estaría con ellos en Costa Rica. Al regresar a mi casa le conté a mi esposo de nuevo acerca de la visión que había visto, y estaba a punto de convertirse en realidad, volvió a reírse y dijo: "Tengo que verlo para creerlo".

Pero Dios es fiel y sí fuimos a Costa Rica. Allí conocí al Pastor Rodolfo Arias de la estación cristiana Esterio Visión. En cada iglesia que llegábamos veíamos los milagros de Dios. Una mujer no podía respirar por sus pulmones y tenía que usar tanques de oxígeno y mientras yo adoraba, los pulmones de aquella mujer fueron hechos nuevos. Fue increíble ver a tantos hombres y mujeres enfermos ser sanados y libertados, entre ellos una cuadripléjica y ver como el Señor la sanaba; hubo una gran manifestación de milagros y prodigios. Si Dios te da una visión debes de creer lo que Dios te mostró con tus ojos espirituales, no importando lo que tus ojos naturales estén viendo. Este mundo fue hecho de lo que no se ve. Atrévete a creerle a Dios.

Capítulo 4

En medio de tu desierto todavía puedes adorar a Jehová

"Pero a medianoche, orando Pablo y Silas, cantaban himnos a Dios; y los presos los oían. Entonces sobrevino de repente un gran terremoto, de tal manera que los cimientos de la cárcel se sacudían; y al instante se abrieron todas las puertas, y las cadenas de todos se soltaron" (Hechos 16:25-16 RVR 1960).

Lo que hace falta en tu vida y en tu casa es que empieces a adorar en tu desierto como hicieron Pablo y Silas; estaban encarcelados y atados. Y una vez que tú empiezas a adorar olvidándote de tus cargas, de ver a tu hijo o hija en las drogas, en esa cárcel donde ellos no tienen esperanza de salir, eres tú madre o padre quién tienes que tomar la decisión de adorar para que las cadenas de ellos sean desatadas. Mientras tú estás mirando a tu familia con defectos y maltratándolos con tus propias palabras, tu boca está declarando maldición sobre ellos. Tu boca no fue diseñada para hablar negativamente, sino para adorar y dar vida. En ese proceso que estás pasando dale a Jehová una adoración genuina que pueda romper los límites y romper las cadenas en toda tu generación. Tú ahora eres el Pablo y Silas que vas a pelear por tu familia, pero primero tienes tú que salir de la cárcel en la cual te encuentras. Para tú poder liberarlos a ellos, tienes tú primero que ser libre.

¿Que haces en medio de tu desierto?

En medio de mi desierto me he olvidado de todos los Goliat incircuncisos que me persiguen. En el desierto tú no te puedes entretener con los que te persiguen y te critican. En el desierto también se puede adorar. Y cuando tú adores, te encontrarás cara a cara con el Rey de reyes y Señor de señores Jesús. No permitas que nadie te saque del desierto sin haber pasado la prueba. Es como el pan que se mete en el horno y lo sacan crudo, no serviría para comer. Diles a las personas que no entienden tu desierto y quieren ayudarte, que no te ayuden, porque es menester que tú seas procesado. Porque sin proceso no hay unción, no hay llamado, es como el aceite de oliva machacado que para sacar lo mejor de ti, tienes que ser triturado. Dígale al que está a su lado, es necesario mi desierto porque en mi desierto es cuando Jesús me visita.

Sanados para conquistar

Hay creyentes que quieren conquistar sin haber ido a pelear, todo el que quiere conquistar territorio debe de enfrentar una guerra. A veces le echamos la culpa al enemigo de algo que tú y yo tenemos poder para hacer. Hay personas con heridas, amarguras, falta de perdón y complejo de inferioridad. Están esperando que los demás les admiren, vean sus atributos y sus virtudes. Tú no tienes que esperar que nadie te elogie o te deje saber que eres importante porque Jesucristo te dio valor en la Cruz del Calvario. La razón por la cual necesitas sanidad interior es para que saques de tu vida toda raíz de rechazo y amargura que no dejas ir de tu vida. Cuando venimos a Cristo nuestro espíritu es renovado, pero nuestra alma y cuerpo tienen que ser cambiados. Esto lleva tiempo, el proceso consiste en renunciar a situaciones y confesar pecados personales de nuestros abuelos y padres. Tenemos que romper pecados ocultos y reafirmarnos en la fe. Yo recuerdo que mis abuelos tenían enfermedades de diabetes, presión alta, espíritu de cáncer e idolatría. Esas maldiciones no me pueden tocar a mí, si yo soy una mujer o un hombre de Dios. Tengo poder para renunciar a toda maldición generacional, muchas familias viven divididas con pleitos y contiendas, matándose unos con otros; eso trae en tu interior una herencia de raíces de amargura.

El espíritu

Tienes que renovar tu mente, espíritu, alma y cuerpo. Tenemos que cerrar puertas si realmente queremos ser sanados. El hombre es tripartito compuesto de espíritu, alma y cuerpo, el espíritu es el hombre interior; es la parte inmaterial o podríamos decirle invisible del ser humano. Es la naturaleza espiritual del hombre que le da la capacidad de comunicarse con Dios. Si tú no estás en el espíritu, no tendrás una intimidad o conexión directamente.

"Pero el hombre natural no percibe las cosas que son del Espíritu de Dios, porque para él son locuras, y no las puede entender, porque se han de discernir espiritualmente" (I Corintios 2:14 RVR 1960).

Una de las cosas que necesitamos aparte del espíritu es la comunión. Y que es la comunión, es el medio por el cual nos podemos comunicar con nuestro Señor desarrollando una relación íntima con Él donde podemos llegar alcanzar otra dimensión. Por ejemplo, es como si tuvieras a una persona que amas; pero si tú no tienes intimidad con esa persona, la relación no podrá crecer. Es necesario pasar tiempo con el Espíritu Santo.

"El espíritu humano es la lámpara del SEÑOR, pues escudriña lo más recóndito del ser" (Proverbios 20:27 NVI).

El alma

El alma es el asiento de la voluntad de las emociones y de la mente. Es la parte del creyente que no nace de nuevo, sino que necesita ser renovada y transformada.

"Porque la palabra de Dios es viva y eficaz, y más cortante que toda espada de dos filos; y penetra hasta partir el alma..." (Hebreos 4:12 RVR 1960).

El alma no se puede corromper; tienes que sostenerla con la Palabra de Dios en ayuno y oración. Porque el alma está compuesta de voluntad, emociones y la mente. Tú no puedes permitir que ella gobierne tu voluntad, ni controle tus emociones y tu mente. Necesitas dos cosas: y es ser renovado y transformado.

"No se amolden al mundo actual, sino sean transformados mediante la renovación de su mente. Así podrán comprobar cuál es la voluntad de Dios, buena, agradable y perfecta" (Romanos 12:2 NVI).

La Palabra de Dios nos enseña que cuando un cristiano recibe a Cristo como su Señor y Salvador su espíritu nace de nuevo pero su alma no. Es por eso que necesitamos escrudiñar más las escrituras y pasar más tiempo con Dios. Tú necesitas ser una persona positiva y tener cuidado con lo que declaras con tu boca, las emociones positivas son amor y gozo. Jesucristo enfrentó todas clases de emociones y sentimientos y por eso nos dejó recursos para controlarlas.

A las personas que son dominadas por sentimientos y emociones se les hace difícil sujetarse a la Palabra de Dios. Cualquier prueba lo desenfoca de lo que Dios quiere hacer con ellos. Las emociones afectarán tu vida si tú se lo permites. Cosas que pueden hacerte daño en las emociones incluye nuestro trato con los demás. Las emociones son obstáculos para nuestra fe; nos paralizan nuestros milagros.

Si somos guiados por nuestras emociones, será difícil creer en las promesas de Dios. Siempre las emociones van a querer hacer lo contrario a la voluntad perfecta de Dios; cuando te dejas dominar por ellas, ellas van primero a querer ver que creer en lo que la Palabra de Dios te ha dicho. ¿Qué identidad tú tienes, tú crees o tienes que ver primero? Tus emociones desde hoy no podrán controlarte porque desde hoy renunciamos y somos libres en Jesucristo.

El cuerpo

Debemos de saber que nuestro cuerpo es templo del Espíritu Santo y debemos de cuidarlo.

"¿No saben que ustedes son templo de Dios y que el Espíritu de Dios habita en ustedes? Si alguno destruye el templo de Dios, él mismo será destruido por Dios; porque el templo de Dios es sagrado, y ustedes son ese templo" (I Corintios 3:16 NVI).

"Huyan de la inmoralidad sexual. Todos los demás pecados que una persona comete quedan fuera de su cuerpo; pero el que comete inmoralidades sexuales peca contra su propio cuerpo. ¿Acaso no saben que su cuerpo es templo del Espíritu Santo, quien está en ustedes y al que han recibido de parte de Dios? Ustedes no son sus propios dueños; fueron comprados por un precio. Por tanto, honren con su cuerpo a Dios" (I Corintios 6:18-20 NVI).

Lo que Dios quiere es que tú resistas al diablo y sus tentaciones carnales. Si lo haces, él huirá de ti. Dios te ha revestido de poder para fortalecerte y llevarte a una dimensión gloriosa.

¿Cómo sé que recibí sanación?

1- Enfrentando la verdad

Es como confrontar las emociones y heridas escondidas, como la falta de perdón, heridas y rechazos que tenemos adentro. Cuando enfrentamos eso es como sacar de nuestro refrigerador comida podrida de mucho tiempo. ¿Qué hay dentro de tu refrigerador que no has sacado por años? Enfrenta tu verdad y saca lo que no sirve dentro de ti.

2- Confesando el dolor

Cuando confesemos y perdonemos lo que nos han hecho, entonces verdaderamente seremos libres.

3- Perdonando y olvidando

Lo primero que yo hice cuando mi esposo me fue infiel, fue perdonar y olvidar. Si tú no lo has hecho, es porque tu nevera espiritual tiene comida podrida.

4- Desarrollando tu dominio propio

Existen personas que creen que el tener un temperamento explosivo significa que tienen un carácter fuerte. Pero no es así, ya que el tener un carácter fuerte indica ser una persona sabia, y tener paciencia y fortaleza para poder contenerse. Sólo el Espíritu de Dios puede darte ese dominio propio; el cual necesitas para poder seguir a Cristo y vencer las tentaciones. Mi abuela no era cristiana y decía que la identidad de la persona se podía conocer en un momento de enojo, si tenía verdaderamente dominio propio. Cuando no tienes dominio propio los que te hacen enojar sacaran de ti la violencia e inmadurez que hay en ti. Cuando tenemos dominio propio se pueden levantar críticas sobre ti y tú permanecerás confiado en Dios. "Así que les digo: Vivan por el Espíritu, y no seguirán los deseos de la naturaleza pecaminosa. Porque ésta desea lo que es contrario al Espíritu, y el Espíritu desea lo que es contrario a ella. Los dos se oponen entre sí, de modo que ustedes no pueden hacer lo que quieren. Pero si los guía el Espíritu, no están bajo la ley" (Gálatas 5:16-18 NVI).

5- Haciendo un compromiso con el Espíritu Santo

Eso significa vivir de corazón el evangelio. Porque muchos dicen servirle al Señor y ni siquiera leen la Palabra de Dios. No viven de acuerdo a la Palabra. Cuando vivimos comprometidos con la Palabra de Dios, no podemos pecar, ni permitirle a la carne que nos domine. Nuestro compromiso con Dios nos dará la oportunidad de serle fiel en todo tiempo, en la iglesia, en la casa, con nuestros familiares, amigos, hermanos en Cristo, en el trabajo, en nuestra intimidad y dando frutos en todo tiempo de que somos verdaderos hijos de Jesús. Cómo te sientes tú cuando tienes a alguien y nunca te dedica tiempo, nunca tiene espacio para ti. No creo que quieras tener a un hombre o una mujer que no quiera tener una relación seria contigo o comparta su amor con otros. ¿Si no existe un compromiso serio te quedarías con esa persona? Pues Jesús conoce tus debilidades y Él se compromete a estar siempre contigo. A pesar de que tu compromiso con Él no ha sido serio, pero Él es fiel. Si estás pasando por el fuego y por las aguas, por las dificultades de la vida, Él promete que no te vas a quemar ni a ahogar, eso se llama compromiso eterno de nuestro Señor Jesucristo.

Capítulo 5

De huérfana al palacio

"El rey se enamoró de Ester más que de todas las demás mujeres, y ella se ganó su aprobación y simpatía más que todas las otras vírgenes. Así que él le ciñó la corona real y la proclamó reina…"

(Ester 2:17 NVI).

Mujeres y hombres de unción

Ester es un ejemplo de que cualquiera que pone su confianza en Dios Todopoderoso será salvado y podrá conquistar a su nación. Hay muchas mujeres que se quejan por el pasado que han vivido, no pueden perdonar a personas que las han herido; incluso se quejan del rechazo de sus padres. Continuamente alrededor del mundo siempre encontraremos a personas que se sienten abandonadas, huérfanas, desechadas, deprimidas y rechazadas.

Así como Hadasa, huérfana, deportada y rechazada, sin tener unos padres que la apoyaran, pudo llegar al palacio. Ella no pensó en los obstáculos que le podían impedir que ella llegara al destino marcado por Dios para su vida. ¿Cuántos de nosotros vivimos todavía con raíces de amargura, falta de perdón, enojados, odiando y frustrados? Estas cosas no te van a dejar avanzar con el propósito divino de Dios para tu vida. Hadasa tuvo que dejar atrás el espíritu de orfandad para poder lograr su sueño de llegar donde estaba el rey. Muchos le echan la culpa al enemigo de sus fracasos, debilidades, ataduras y sin saberlo se estancan sus bendiciones. Hadasa podía haber pensado que habían mujeres más hermosas que ella, pero ella estaba segura de la identidad que tenía en Jehová su Dios. Sabía que Él le había dado una encomienda para conquistar al rey. Tú tienes que empezar a verte como Jehová te diseñó en el plan originar de Él, tus desiertos quieren evitar tus victorias. Es tiempo de caminar al palacio junto al rey y dejarte de ver como la pobrecita o el pobrecito a quien nadie ama; que no le importas a nadie, porque aunque tú no tengas cualidades para llegar al palacio, la corona te pertenece.

Es tiempo de cambiar tu mentalidad de pobreza y cambiarla por una mentalidad de reino, porque la Palabra de Dios dice que ya estamos sentados a la diestra del Padre en Su reino, "Y en unión con Cristo Jesús, Dios nos resucitó y nos hizo sentar con él en las regiones celestiales…" (Efesios 2:6 NVI).

No hay unción sin proceso "Ordénales a los israelitas que te traigan aceite puro de oliva…" (Éxodo 27:20 NVI). Machacar en hebreo significa quebrantar a golpes. Ese rodillo, esa piedra es lo que sacará tu verdadera identidad. Jehová usará a esa mujer u hombre machacado, en derrota y que no cree en lo que Dios ha puesto en sus manos. Jehová sacará la unción escondida que hay dentro de ti para que seas una mujer o un hombre de recursos sobrenaturales.

Ester usó los recursos del ayuno y la oración; se sometió al entrenamiento que le hicieron e hizo silencio. Tú tienes que hacer silencio delante de aquellos que te persiguen y no creen en ti; en aquellos que te acusan sin pruebas y sin piedad se lanzan contra ti. Es tiempo de creer que ningún incircunciso te va a quitar tu victoria. Haz silencio, ora, ayuna, profetiza, declara y usa los recursos que Dios te dio. Los que te persiguen serán usados para llevarte al palacio, entierra tu pasado y da un paso de fe para conquistar a tu rey. Hadasa dejo atrás su pasado para convertirse en reina y salvar a su pueblo.

Hay muchos hombres que son perseguidos, para Dios sacar en ellos el potencial que existe por dentro. Así como hay mujeres que sufren, también existen hombres que son fuertemente procesados. Saúl persiguió a David por 10 años y Dios lo permitió para sacar el carácter de rey que había en David. Dios tenía que quitar los pensamientos de pastor de ovejas a David para convertirlo en rey. Pero primero tuvo que cambiar su mente a través de su desierto, porque es en el desierto que Jehová saca tu verdadera identidad.

Entierra la duda y deja vivir la fe

"Pero que pida con fe, sin dudar, porque quien duda es como las olas del mar, agitadas y llevadas de un lado a otro por el viento" (Santiago 1:6 NVI).

"¿Estás viviendo momentos de duda en donde ya no puedes más, en donde no tienes esperanza?

Es ahí en donde tú clamas a Jehová y Él te responde.

"Clama a mí, y yo te responderé, y te enseñaré cosas grandes y ocultas que tú no conoces" (Jeremías 33:3 RVR 1960).

Él escucha tu lamento y lo convierte en baile

"Has cambiado mi lamento en baile; Desataste mi cilicio, y me ceñiste de alegría. Por tanto, a ti cantaré, gloria mía, y no estaré callado. Jehová Dios mío, te alabaré para siempre" (Salmos 30:11-12 RVR 1960).

Jesús está mirando tu angustia y derrotas, está en ti creer o dudar y escoger hoy en que vas a creer. Porque la duda se come la fe, no permitas que la duda te coma tu fe.

La famosa mujer del flujo de sangre (Marcos 5:25) era una mujer desesperada por un milagro y no se dio por vencida. Decidió salir del anonimato y buscar al único que podía resolverle su problema, a Jesús. Esa mujer escuchó hablar que Jesús iba a pasar por su ciudad y ella no esperó a que fueran a recogerla, ni le tuvieran lástima. Su condición era muy triste porque ella era rechazada por la sociedad. Ella decidió creer y su fe la sacó de la esclavitud de 12 años. Ella estaba económicamente en ruinas; no solamente en ruinas, había gastado todo lo que tenía. No tenía fuerzas, no contaba con amigos. Pero esta mujer sabía que venía uno que la podía sacar de ese yugo y opresión.

¿Te levantarías tú de ese azote que estás pasando?

No lo pienses más, Jesús te está esperando, no lo dudes. Él pagó por tu milagro. Recibe sanidad espiritual, mental y física en el poderoso nombre de Jesús, El dador de la vida está camino a tu casa. El dador de la vida levanta tu matrimonio, levanta tus hijos en las calles y endereza todo lo que está torcido en tu vida.

¡Sal de tu esclavitud hoy!

Pasos para ser sanados

Aquí dejo estos cinco puntos que me han ayudado a mí para yo poder conquistar mi sanidad física, espiritual, mental y emocional.

El amor

El amor fue lo que me ayudó a perdonar a mis verdugos a los que nunca creyeron en mí. El amor te hace perdonar aquello que dices que jamás perdonarías. Si realmente tienes el amor de Jesús lo podrás perdonar todo, por más difícil que sea.

"El amor es sufrido, es benigno; el amor no tiene envidia, el amor no es jactancioso, no se envanece; no hace nada indebido, no busca lo suyo, no se irrita, no guarda rencor; no se goza de la injusticia, más se goza de la verdad. Todo lo sufre, todo lo cree, todo lo espera, todo lo soporta"
(I Corintios 13:4-7 RVR 1960).

El perdón

Cuando tienes falta de perdón tienes puertas abiertas para que el enemigo te robe todo lo que te pertenece. En cambio cuando tú perdonas las puertas del cielo de bendición son abiertas para ti y para tu familia.

"Abandonen toda amargura, ira y enojo, gritos y calumnias, y toda forma de malicia. Más bien, sean bondadosos y compasivos unos con otros, y perdónense mutuamente, así como Dios los perdonó a ustedes en Cristo" (Efesios 4: 31-32 NVI).

La fe

La fe te hace conquistar tu milagro por más lejos que lo veas.
La fe te hace ver con los ojos espirituales, la fe no ve con los
ojos naturales.

*"Pero sin fe es imposible agradar a Dios…" (Hebreos 11:6
RVR 1960).*

La paciencia

La paciencia es importante para poder alcanzar nuestras bendiciones. Tienes que tener paciencia y saber que ese borracho que tienes en tu casa será mañana el evangelista que Dios te prometió. Tienes que tener paciencia y esperar las promesas que Jehová te dio.

"Hermanos míos, tened por sumo gozo cuando os halléis en diversas pruebas, sabiendo que la prueba de vuestra fe produce paciencia" (Santiago 1:2-3 RVR 1960).

La humillación

Aun para escribir mis propias canciones tengo que humillarme y dejar toda carnalidad que me pueda separar de la presencia de Dios. El que se humilla será exaltado.

"Si se humillare mi pueblo, sobre el cual mi nombre es invocado, y oraren, y buscaren mi rostro, y se convirtieren de sus malos caminos; entonces yo oiré desde los cielos, y perdonaré sus pecados, y sanaré su tierra" (2 Crónicas 7:14 RVR 1960).

¡Reciba su salvación hoy!

"…que si confesares con tu boca que Jesús es el Señor, y creyeres en tu corazón que Dios le levantó de los muertos, serás salvo. Porque con el corazón se cree para justicia, pero con la boca se confiesa para salvación" (Romanos 10:9-10 RVR 1960).

Por favor haga esta oración de Salvación

Hoy quiero hacerte una invitación especial de reconocer a Jesús como tu único Señor y Salvador.

Dile al Señor: "reconozco que tú eres mi único dueño. Perdona mis pecados. Escribe mi nombre en el Libro de la Vida donde no sea borrado jamás. Me arrepiento de mis pecados. Gracias por morir por mí en la Cruz del Calvario y perdonar todas mis iniquidades. Desde hoy, soy libre para perdonar a aquellos que han herido mi corazón. Renuncio a la falta de perdón y raíz de amargura en el nombre de Jesús. En este momento Espíritu Santo toma el control de mi mente, alma, corazón, cuerpo y espíritu y guíame desde hoy en adelante a tu santa y perfecta voluntad.

"Porque de tal manera amó Dios al mundo, que ha dado a su Hijo unigénito, para que todo aquel que en él cree, no se pierda, más tenga vida eterna. Porque no envió Dios a su Hijo al mundo para condenar al mundo, sino para que el mundo sea salvo por él" (Juan 3:16-17 RVR 1960).

Acerca de la autora

Cleiry Cruz es una adoradora, profetisa, evangelista y autora del Señor. Dios ha llevado a su ministerio alrededor del mundo para usarla como instrumento para Su gloria en milagros, sanación, ministración y para predicar y adorar Su nombre bajo el poder del Espíritu Santo. Es fundadora de la iglesia *Déjenme Adorar al Rey de reyes* y abrió la fundación *Desnudó y Me Abrigaste* las dos están localizadas en la República Dominicana. Es autora del libro, *¡No me rindo!* disponible en Amazon. Frecuentemente, es invitada a Radio Visión Cristiana Internacional 1330AM donde siempre lleva una palabra de fortaleza y renovación.

Notas:

- _____

- _____

- _____

- _____

- _____

- _____

- _____

- _____

- _____

- _____

- _____

- _____

- _____

- _____

- _____

- _____

- _____

- _____

- _____

- _____

- _____

- _____

- _____

- _____

- _____

- _____

- _____

- _____

- _____

- _____

- _____

- _____

- _____

- _____

- _____

- _____

- _____

- _____

- _____

- _____

- _____

- _____

- _____

- _____

- _____

- _____

- _____

- _____

- _____

- _____

- _____

- _____

- _____

- _____

- _____

- _____

- _____

- _____

- _____

- _____

Made in the USA
Middletown, DE
02 April 2025

73531479R00056